教练的智慧

人生一念转

黄俊华 著
卿珂 绘

北京联合出版公司
Beijing United Publishing Co.,Ltd.

图书在版编目（CIP）数据

教练的智慧：人生一念转 / 黄俊华著；卿珂绘 .
—北京：北京联合出版公司，2015.4（2023.6 重印）
ISBN 978-7-5502-4753-6

Ⅰ . ①教… Ⅱ . ①黄…②卿… Ⅲ . ①企业管理—通俗读物Ⅳ . ① F270-49

中国版本图书馆 CIP 数据核字 (2015) 第 035360 号

教练的智慧：人生一念转

作　　者：黄俊华
出 品 人：赵红仕
选题策划：北京时代光华图书有限公司
责任编辑：陈　昊　王　巍
特约编辑：彭　婷
封面设计：新艺书文化
版式设计：曾　放

北京联合出版公司出版
（北京市西城区德外大街 83 号楼 9 层　　100088）
北京时代光华图书有限公司发行
北京雁林吉兆印刷有限公司印刷　　新华书店经销
字数 109 千字　　787 毫米 ×1092 毫米　　1/16　　11.5 印张
2015 年 4 月第 1 版　　2023 年 6 月第 4 次印刷
ISBN 978-7-5502-4753-6
定价：49.80 元

推荐序

随着经济的发展及在世界范围内影响力的提升，中国正逐渐步入世界经济强国之列。各种管理理念也开始在中国不断生根、发芽。

20 年前引入中国的企业教练，作为当时在世界范围内领先且极具影响力的管理理念，曾被美国通用电气、福特汽车、联邦快递等大批知名企业效仿。

20 年后的今天，企业教练已在中国“开枝散叶”，成为广泛应用于各领域的管理科学。2013 年中国企业教练联合会的成立，以及国家人力资源和社会保障部“企业教练师”职业考核标准的设立，更是使企业教练在中国走上了标准化、专业化、职业化的道路。目前，全国企业教练联合会的会员单位已超过 70 家，全国年毕业生超过 3 万人。

企业教练师在中国的发展，要特别嘉许一批像黄俊华先生这样一直为整个行业默默付出的导师。黄俊华先生受聘成为中国企业教练师专家委员会委员，为国家人力资源和社会保障部第一套《企业教练师》职业技能鉴定教材的编写作出了重大贡献。

本书作为《教练的智慧》丛书的升级版，图文并茂地介绍了教练的智慧及生活、管理哲理。作者巧妙地在文中加入了教练小品和漫画，使得全书既通俗易懂又彰显出大智慧。相信本书必将会为企业教练的发展和教练文化的推广做出更大的贡献。

中国企业教练联合会会长
首信创智文化传播公司有限公司董事长　　吴繁

自　序

第一本《教练的智慧》出版于 2002 年。

当时，企业教练在中国才刚刚兴起，还没有一本专门的著作可以让学习者作为参考。《教练的智慧》的出版恰好填补了这个空白，成为中国第一本介绍企业教练的书。由于颇受欢迎，后来又出版了《教练的智慧 2》。此后，不断增添新的内容，最终结集为一套三本的系列图书。

自从中山大学出版社首次出版《教练的智慧》以来，已有四家出版社出版过这套书。此套书十多年来不断再版，可算是企业教练行业中的一套“长销书”。

后来，我在从事训练工作时，多次听到一些学员说：“我老早就看过你的《教练的智慧》。”还有一些企业教练行业的专业教练也告诉我：“我是看着你写的书成长的。”

原来，这套书已成为一座桥梁，将我和读者联结在一起。

也就是在 2002 年，我定下了一个人生目标：写十本关于教练文化的书。

我当时就有了一个愿景：等我老了，捧着自己的十本作品，厚厚的一摞，沉甸甸地在自己手中，那将是一件多么惬意的事啊！回顾人生，十本书也代表我没有白过啊。

从 2002 年到 2012 年，十年时间，我刚好出版了十本书。

如果当初没有设定这个目标，也许就没有今天的成果。这正应了那句话："只要有梦想，凡事可成真！" 回首当年，令人感慨。写作的过程，其实也是我心智成熟和能力提升的过程，是我成为一个专业教练与训练导师的过程，也是我与同事、学员和同行们结缘的过程。

2014 年，我创作了新版《教练的智慧》。它源于我这十多年来在教练实践中所受到的新启发和产生的新理解。相信这份努力会成为一座新的桥梁，联结我和你。

如今，企业教练已得到长足发展。企业教练不仅仅在企业中得到运用，也被广泛运用于众多大学与政府机构。

支持中国人成就企业及生活的梦想，这是企业教练的使命。

今天，离第一本《教练的智慧》出版已经十三年，这个使命依然没有改变！

黄俊华

目　录

PART 3

把握生命的按钮

PART 4

活出成功的信念

PART 1

修一颗看好的心

我看见

有一天，我收到一位教练朋友的信息。她发给我一首诗，我觉得写得很好，非常有文采、有内涵。

朋友的第二条信息让我很惊讶，她说这首诗是她自己写的。

我向她求证：“这是你自己写的吗？”

她回答说：“是的。”

这件事给我上了“看人之大”的生动一课。

认识她，还是因为我们一起做过教练。当时我是总教练，她是教练。我们一起带领的团队最后成了那年全国的冠军团队。那时，我对她的印象是比较普通和平凡，没想到她现在成长得这么快，变得这么有思想和文采。后来，我又在网上查阅了一下，才发现知名作家张德芬也在自己的微博上转载和推荐过她的几篇作品。

她发给我的这首诗后来在微信上广为转载。这首诗的名字就叫《看见》：

我看见你的冷漠
却想去温暖这个冷漠
我看到
其实我还没接纳你的冷漠
…………

确实令人反思。“看见”，试问，我们每天都看见了什么呢？

是抱有成见地看还是另眼相看地看？是看见人的长处还是看见人的短处？是看见外面的景还是看见内在的心？是看见别人的行为还是看见自己的评判？

我知道，我要学习重新看见。

看　见

作者：莲轩

我看见你的冷漠
却想去温暖这个冷漠

我看到
其实我还没接纳你的冷漠

我看见你的痛苦
却想去结束这个痛苦
我看到
其实我并没有陪伴你的痛苦

我看见你的自私
却去评判你的自私
我看到
其实真正涌动的是我的自私

我看见你的愤怒
却想躲开你的愤怒
我看到
其实我没有允许你可以愤怒

我看见你的焦虑
却去担心你的焦虑
我看到
其实我已开始陷入焦虑

我看见你的无力
却不知道要伸哪只手来抱你
我看到
其实当下我也无力

我看见你的美丽
并欣赏着你的美丽
我看到
当下我也开始美丽

我看见你的善良
并喜悦着你的善良
我看到
原本我亦善良

我看见你的真实
并相信着你的真实
我看到
原本我也如此真实

我看见你的坚定
并看到相守的温柔

我看到
我正坚定并且温柔

我看见你的坚强
并感受着柔韧的力量
我看到
我正承接到这样的力量

我看见你的谦卑
并感受到内在的自信
我看到
我也开始低头谦卑

我看到你的淡定
并感受到平静的慈悲
我看到
我正在走近慈悲

我看见你的敞开
并拥抱你的敞开
我看到
其实我也正在敞开

我看见你的付出
不带任何条件
我看到
其实我也学会将自己分享

我看见你的纯粹
只是
做自己想做的事
爱自己想爱的人
走自己想走的路
痛了就哭，喜了就笑
累了就歇，好了就走
我也看到了自己

如果对于看见
只是看见
并接纳所有的看见
而不要想要马上去改变

透过看见
我看见了自己
也看到
生命原本的纯粹与全然

我在你身上看见了最好的自己

一二与八九

世界的模样，取决于你凝视它的目光。

一位画家过 100 岁生日时，有人问他：“您是如何活到 100 岁的？”

画家答曰：“常想一二，不思八九。”

画家的这句话是什么意思呢？俗话说：人生不如意事十之八九。也就是说，人生中如意的事只有十之一二。“常想一二”，就是多看人生美满的部分，而“不思八九”，就是不去执着于人生缺憾的部分。

有一次，一位企业管理者向教练抱怨他的团队很差劲。

教练："你的目标是什么？"

管理者："要搞好这个团队。"

教练："团队哪里差劲？"

管理者："凝聚力不够。"

教练："有没有好的地方呢？"

管理者："也有。"

教练："有哪些？"

管理者："执行力比较强，也对我很忠诚。其他也都还好。"

教练："这些优点，你是否告诉过他们？"

管理者："坦白地说，我讲他们的缺点比较多，讲优点则很少。"

教练："如果你总是关注团队负面的地方，他们会有什么感受呢？"

管理者："他们会不舒服吧。"

教练："我觉得你比较像警察，而不像教练。"

管理者："此话怎讲？"

教练："因为你比较专注于揪出罪犯，而不是培养金牌选手。"

管理者："教练说得对，这的确是我的盲点。"

每个人都有自己的焦点，也有自己的盲点。

我们可以有意识地运用自己的焦点——常想一二，也可以有意识地运用自己的盲点——不思八九。

这就是生活中的吸引力法则！能否长命百岁或者能否成功经营一家百年企业，或许就看你是习惯于聚焦一二还是聚焦八九。

同样半杯水，你看到了什么？

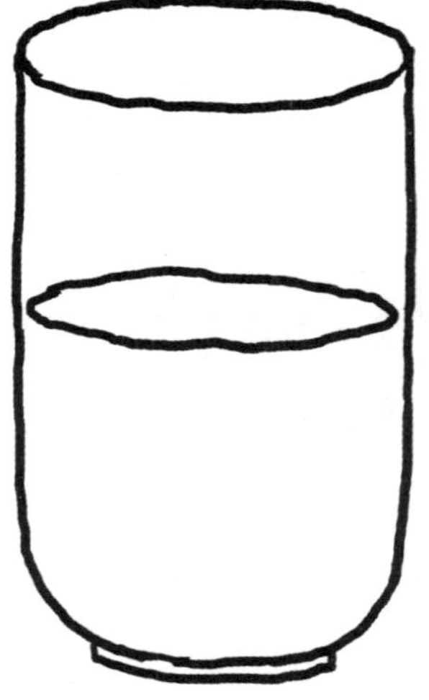

士别三日

“士别三日，当刮目相待。”这句成语出自《三国志·吴志·吕蒙传》注引《江表传》，意思是说：相别几天的朋友，就需要换一种眼光来看待。

原文讲述吕蒙本乃一介武夫，然而经孙权劝学之后，渐有学识。鲁肃见其之后感叹道：“至于今者，学识英博，非复吴下阿蒙。”

人是动态发展的。

身边的人每天都在成长，因此我们也要用成长的眼光来看待他们；身边的事物也都在变化，因此我们的看法也要随之变化。

“刮目相看”一词中的“刮目”，就是说要刮掉我们的成见，刮掉我们所戴的有色眼镜上的“色”。

眼睛是无辜的，视力是有用的，问题就在于我们戴的眼镜上沾染了不同的颜色。所以我们不仅要提升眼睛的视力，也要去除眼镜上的颜色。否则即便视力再好，也未必能看到真实的景象。所以，从某种程度来说，眼镜的洁净度比眼睛的视力更重要。

这就是为什么人们会说：观念比能力更重要。

因为，观念才是最深层、最内在的东西。

人的特点是倾向于证明自己是对的——当我们认定一个人不好的时候，我们往往能收集足够的证据证明他不好；我们认定一个人好的时候，也能收集到足够的证据证明他有多好。

之所以用“刮”字，是因为我们的成见往往太过根深蒂固，几乎已经与我们融为一体，不“刮”就难以真正去除。

可是，问题的关键在于，你有“刮”的勇气吗？

士别三日，当刮目相看

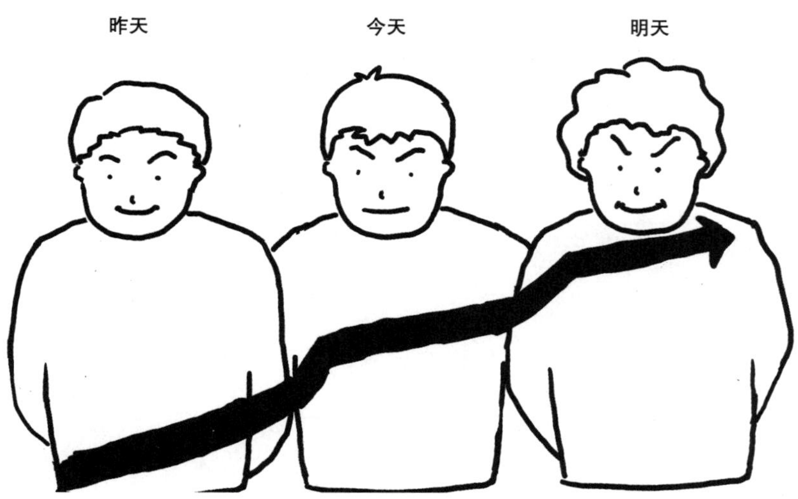

冰雪无辜

2013 年上映了一部据称史上最卖座的动画电影《冰雪奇缘》。

本片改编自安徒生童话《白雪皇后》，主人公艾莎本是一位善良的小公主，因为具有制造冰雪的能力，而被大家认为拥有可怕的魔法。于是艾莎出走，躲进了自己建造的冰雪王国。后来，因为妹妹坚持的爱，艾莎最终得以从自卑与自闭中走出来，并学会了成熟地与人相处。王国也由此恢复平静与祥和。

影片结尾颇具匠心与深意：众人庆祝节日时，艾莎用她的造雪能力变出一片溜冰场——曾经让人觉得恐怖的冰雪顿时营造出供大家溜冰玩耍的欢乐场所。

同样是冰雪，换个方向，就创造出了一个完全不同的世界。

一位妈妈跟教练抱怨儿子喜欢打电脑游戏，并且玩得很投入、很认真，她为此很烦恼。

教练问："你通常怎么对待他的？"

这位妈妈说："我对他说怎么学习的时候没见他这么认真。"

可能这是很多家长的共同反应。

教练于是帮这位妈妈进行了区分：投入、认真本身没有问题，问题是将之用在什么地方。打电脑游戏对学习不好，但投入、认真对学习却是好的。可你的话却将二者都否定了，而且还可能导致孩子心中形成学习与打电脑游戏对立的想法——都是因为要学习，害得我玩不成电脑游戏！

想一想，有多少孩子是抗拒学习的？

再想一想，又有多少是因为我们区分不清造成的？

有多少孩子因此经历了像童话中的艾莎一样的遭遇呢？

生活中有失败，有成功。

如果说，我们的失败是因为我们的某种思维和行为模式的话，我们的成功也同样如此。

换句话说：如果你有能力失败，就说明你同样有能力成功；你有能力去恨一个人，就同样有能力去爱一个人；你有能力带来恐怖，也同样有能力创造欢乐！

作为父母，应该肯定孩子的投入、认真是好的，是孩子拥有的一种能力，然后将之引导到学习上。

作为企业领导，我们也可以中立地看待员工的各种能力，然后将之引导到企业的愿景上。

因此，冰雪、电脑以及其他很多事物其实都是无辜的，是魔法还是仙术，全在我们如何选择！

苦

记不清是哪一年的春节晚会上，在一个关于海军的节目中，一名参军不久的海军士兵跟自己家人说："我在这里（部队里）吃到了世上最好的'食物'——苦！"

这是那年的春节晚会让我印象最深刻的一句话——原来换一种心态，苦也可以是好"食物"。看得破，其实"苦"未必是"苦"。

还有一次，我在出租车上听到一个电台节目里的一句话：能吃苦的人苦一时，不能吃苦的人苦一世。

可以说，这句话为春节晚会上的那句台词做了一个很好的注脚：长远地看，吃苦是好事，吃苦就是消苦。

当然，我们无须自讨苦吃，也无须刻意制造苦，能够

"甜"更好，但也不必逃避面对生命中的"苦"。

有一位资深教练，得了糖尿病，每天都要喝苦瓜汁。

有一位年轻同事便调侃他："你这样活着还有啥意思？"

那位教练听了也不生气，只是淡淡地回答道："等你到了我这个年龄，你就知道活着有啥意思了。"

所谓"良药苦口"，生命的百千滋味中也少不了"苦"这一味。

美国开国元勋本杰明·富兰克林曾说过："唯有痛苦才会带来教益。"

加措活佛也说过："快乐的人不是没有痛苦，而是不会被痛苦所左右。"他还说，"苦难从来都是我们精神的上师。"

苦恼苦恼，"苦"是滋味，"恼"是心情。

苦不在外面，在心头。

心超然，就不会为"苦"所"恼"。

苦是生命必要的营养

得与失

有一个女孩被男友抛弃了。失恋后她心里非常难受，怎么都走不出来。

有一天，她碰到了一位智者。她告诉智者："我那么爱他，却换不来他对我的爱。这真让我难过。"

智者听完之后对她说："你是否想过，你失去的，是一个不爱你的人；而他失去的，是一个爱他的人，所以真正损失的是他，而不是你啊。"

女孩顿时心有所悟。

究竟是"失"还是"得"，有时只在于一个不同的看法。

有人这样总结道：

很多人失去了某种重要的东西，都会在心里留下阴影。实际上，与其为失去的而懊恼，不如正视现实，换一个角度去想问题：也许你失去的，正是他人应该得到的。有时，失去不一定是忧伤，而是一种美丽。失去不一定是损失，也可能是奉献。只要我们抱着这样积极乐观的心态，失去也会变得有意义、有价值。

心理学家史米利曾分享过自己成长历程中的一个故事：

我在田纳西州长大。小时候，我非常喜欢我的伊莱扎舅妈。每当我遇到烦心事需要安慰的时候，伊莱扎舅妈总是用“尽管……但是……”这样的句式来开导我。她让我意识到，不开心的事情总是有补偿的。“尽管野餐因为上午的一场大雨泡汤了，但是下午我们可以去看电影啊！”每一次伊莱扎舅妈都能把我从沮丧中解脱出来，甚至让我快乐起来。直到今天，我仍然认为“尽管……但是……”句式是个非常有效的药方。

这个故事很好地体现了得与失的辩证关系。

伊莱扎舅妈的句式包含的哲理就是：所有的“失”都有“得”作为补偿，“失”的背后隐藏着“得”的意义。

尽管……但是……

牡丹与玫瑰

有一次，著名画家俞仲林先生接到一通电话，对方说前几天买了他的《牡丹图》，问他能不能退。

俞先生问其原因，对方说：那幅画上的一朵牡丹正好在画的边上，只有半朵，别人说这叫“富贵不全”，不吉利。

俞先生听完便说：您认为那叫“富贵不全”，但我的创意其实是“富贵无边”啊！

买家一听，立刻就不退画了。

同一幅画，换一个角度看，其意义就完全不同了。

有这样一则故事：

一位母亲带着一对双胞胎小姐妹去参观玫瑰园。

姐姐对母亲说：“妈妈，这地方不好，花虽然不少，但每朵花下面都有刺，把我的手扎疼了……”

而妹妹则对母亲说：“妈妈，这里真不错，刺虽然不少，但刺上面都有美丽的花……”

因为视角不同，妹妹看到了花的美丽，而姐姐则看到了花下面的刺。

正所谓：“酒不醉人人自醉，色不迷人人自迷。”

牡丹与玫瑰是中立的，我们的看法是可以选择的。

关键在于，怎么看才对你的生活有帮助。

关键在于，我们的心怎么选择

碎　杯

有人问师父："已经碎了的心还能再爱吗？"

师父回答："能。"

那人再问："那您有没有用已碎的杯子喝过水呢？"

师父回问："你有没有因为杯子碎了而放弃过喝水呢？"

无疑，这位师父是一位很棒的教练。

我们从教练技巧的角度来具体剖析一下这段对话。

对方问："已经碎了的心还能再爱吗？"

问话者心里的假设是：已经破碎的心不能再爱。延伸来讲就是，他已认定：被一个人伤过心就等于所有人都不再值得自己去爱，过去被伤过心就等于以后都无法再爱。

师父肯定地回答："能。"

先围绕对方的问题，表达自己的观点和立场。

对方又问："那您有没有用已碎的杯子喝过水呢？"

对方用打比喻的方式提问，虽然表面上在提问，其实他内心早已有答案。这个问题和第一个问题一脉相承，其内在的预设都是认定已碎的心不能再爱。

师父反问："你有没有因为杯子碎了而放弃过喝水呢？"

师父沿用对方所做的比喻来做区分：一个杯子碎了，不等于其他杯子都没有意义。退一步讲，就算所有的杯子都碎了，也不代表你不可以用别的方式喝水。

四句话，构成了一个不错的教练案例。

事物有生灭，杯子会破碎。

然而，生活总要一天一天过下去，心中的爱也总会像太阳一样每天冉冉升起。

爱，会让破杯重圆

PART 2

转一念海阔天空

乌鸦心态

有一只乌鸦打算飞往东方，途中遇到一只鸽子。

它们都停在一棵树上休息，鸽子看乌鸦飞得很辛苦，便关心地问："你要飞到哪里去？"

乌鸦愤愤不平地说："其实我不想离开，可是这个地方的居民都嫌我的叫声不好听，所以我想飞到别的地方去。"

鸽子好心地告诉乌鸦："别白费力气了，如果你不改变你的声音，无论飞到哪里都不会受到欢迎的。"

很多时候，我们寄希望于通过改变环境来改变命运。

这就是寓言中所揭示的典型的乌鸦心态。

改变环境背后的假设是：我自己是没问题的，是我所处的环境有问题，所以只需改变环境，问题就可以解决。但是，当我们自身存在问题时，仅仅改变环境是无用的。因为那样，我们走到哪里，就会将问题带到哪里。

改变他人的耳朵，还是改变自己的声音，这是不同的人生态度。

鸽子劝告乌鸦的，也是教练常启发被教练者的，只是教练多半会采取发问的方式：

让居民们讨厌，你有没有想过自己有什么问题呢？

是否换一个地方，就不会遇到这样的居民了呢？

上帝让你遇到这样的居民，是想让你学到些什么呢？

正所谓："智者修心不修境，愚者修境不修心。"

从乌鸦心态到鸽子心态，就是从修境到修心的转变。

美好环境，由你创造

透过窗户看世界

如果你不出去走走，你就会以为这就是世界。

——电影《天堂电影院》

有这样一位太太，多年来她不断抱怨对面的太太懒惰："那个女人的衣服永远洗不干净，看，她晾在外面院子里的衣服，总是有斑点。我真不知道，她怎么连洗衣服都洗成那个样子。"

直到有一天，一位明察秋毫的朋友到她家，才发现原来不是对面的太太衣服没洗干净。这位细心的朋友拿了一块抹布，把她家窗户上的灰渍抹掉，然后对她说："看，这不就干净了吗？"

哦，原来，是自己家的窗户脏了。

到底是外面的世界脏了还是自己的窗户脏了，这是很重要的区分。

“窗户”，其实象征着我们看世界的心智模式。

美国作家彼得·圣吉在其著作《第五项修炼》中这样描述道：“‘心智模式’是根深蒂固于心中，影响我们如何了解这个世界，以及如何采取行动的许多假设、成见，甚至图像、印象。我们通常不易察觉自己的心智模式，以及它对行为的影响。”

鲁迅先生也曾这样评《红楼梦》：“经学家看见《易》，道学家看见淫，才子看见缠绵，革命家看见排满，流言家看见宫闱秘事。”

为什么同一部《红楼梦》，每个人看到的不一样？因为每个人都有不同的心智模式。不同的心智模式会带来不同的视角，不同的视角又会带来不同的看法。

决定我们一生幸福与否的关键，就在于你如何看自己、看他人、看这个世界。换句话说，你的心智模式是怎样的，你看到的世界就是怎样的。

很大程度上，心智模式决定你生活的世界！

有很多时候，我们惯于依据自己的“窗户”选择性地看世界，然后收集证据去证明自己所看到的是对的。

而教练常常会挑战那些你认为理所当然的看法。在教练的挑战下，也许你会发现：那些主宰我们生活的、原以为毫无疑问的看法，其实未必那么可靠。

你以为自己看到了世界，其实很可能你只是看到了你自己的窗户。

不要让固有观念成为自己的牢笼

空　船

《庄子》中有这样一则寓言故事：

在一个烟雾弥漫的早晨，有一人划着船逆流而上。突然间，他看见一只小船顺流而下，直冲向他。眼看小船就要撞上他，他高声大叫："小心！小心！"但是船还是直撞过来，他的船几乎就要沉了。于是他暴跳如雷，开始向对方怒吼、谩骂。随后，他仔细一瞧，却发现这原来是条空船，因此气也就消了。从此以后，他很少再发脾气，因为他把每个人都看成了空船。

这是一条助人开悟的空船。

其关键之处就在一个"空"字。因为船是"空"的，所以那人找不到撞船事故的其他责任方，才反省到一切与人无尤，都是自己的责任。

空船“空”掉了他推卸责任的机会。

想象一下，如果船不空，船上有人，那人肯定就会觉得是对方的错，是对方的责任，而自己是“受害者”。

如果换作我们，又会有怎样的反应呢？

在生活中，遇到类似的情形，我们的反应又是怎样？有多少成为“受害者”的情况？

如果我们都能用“空船”的心态来看待每个人、每件事，世界就会变成没有“受害者”的美丽新世界。

用“空船”的心态面对每个人，世界就会更美好

转换视角

当你改变你的思维方式时，它就改变了你，生命中的改变都是从视角开始的。

小学生说："我未来的志向是当一名小丑。"

有的老师批评说："没出息，胸无大志。"

也有老师鼓励说："愿你把欢乐传遍全世界。"

小丑自有小丑的价值——转换视角，平凡亦可以变得伟大。

兰博基尼最早是生产拖拉机的，至于其为何会涉足跑车，有一段趣史：兰博基尼的创始人费鲁乔·兰博基尼买了一辆法拉利跑车，发现离合器有问题，于是向法拉利投诉，但法拉利创始人恩佐·法拉利却对他进行了挖苦，大意是“回去玩你的拖拉机去吧”。

然后，另一个伟大的品牌诞生了。

绊脚石也可以成为垫脚石——转换视角，打击可以变成动力。

第二次世界大战期间，在对德反击作战中，苏联元帅朱可夫决定，从白俄罗斯方向发动反击。因为德国人显然不认为苏军会从那里发动进攻——那里有宽阔的沼泽，发动进攻所必需的重武器没法从那里通过。

然而朱可夫偏偏反其道而行之——反击时，苏军将大草鞋套在军靴上，蹚过了沼泽。同时用圆木在沼泽里铺出通道，让T-43开过沼泽，冲向了几乎没有重武器的德军——德军装甲部队全被调到了北面阵地。此战德军惨败。

“既然敌人认为那个方向不会遭到进攻，那我们就偏要从那个方向发起进攻。”

换个视角看，劣势就可能变成优势。

无须转换景色，只需转换视角。

幸福和成功与否，就在于我们看世界的视角。

拖拉机也能玩成兰博基尼

富子孙与富祖先

阿峰：“教练，我做的生意是从邻省倒卖香烟到本省。”

教练：“这种生意合法吗？”

阿峰：“谈不上违法，但起码是违规的。”

教练：“你告诉我这一点是想怎样？”

阿峰：“我希望你可以教练我。”

教练：“我不能教练违法或违规的行业，这是教练的操守。”

阿峰：“我在一年前已经停下来没做了。”

教练：“哦，那你现在有什么想法？”

阿峰：“我停下来就是想做合法生意，我也不想提心吊胆地赚钱。”

教练：“好啊，那你打算怎么办？”

阿峰：“我在找新项目，想转行，但就是怕找不到，到时候又被逼走回老路。”

教练："为什么一定要走那条老路呢？"

阿峰："其实我也是没办法，我父亲一直做这个生意，是他传给我的，我没的选。"

教练："你好像把责任都推给你父亲了哦。"

阿峰："父亲很早就带我学着做，我没的选。"

教练："你结婚了吗？"

阿峰："结了。"

教练："有孩子吗？"

阿峰："有一个儿子，三岁了。"

教练："你想儿子未来继续走你的路吗？"

阿峰："当然不想，说实话，这也是我想转行的一个重要原因。"

教练："是啊，就算你不能选择父亲为你铺的老路，但你可以选择为你的儿子铺一条新路啊！"

阿峰："是的，教练，你说到我心里去了，这是我转行最大的动力！"

有人很豪迈地说过："我不能做富人的子孙，但可以做富人的祖先！"

你可以成为继承者，坐享其成；也可以成为开创者，成为源头，开创自己乃至下一代的好生活！

我不是富人的子孙，但可以做富人的祖先

让子弹转弯

我们对事物的观念，决定了它所能发挥的作用。

在美国电影《通缉令》（又名《刺客联盟》）中，有这样一幕：

刺客们在训练男主角韦斯利，要他射出能转弯的子弹。

韦斯利说："那怎么可能？"

刺客头目斯隆对他说："如果没人告诉你子弹是直行的，我给你一把枪，你会怎么做？"

韦斯利若有所思。

斯隆继续引导说："让你的直觉指引你。"

的确，有时候，直觉可以超越思维。

这部电影情节确实有些离奇，但它所包含的寓意却能给我们不少启发。

我们在为某一事物贴上标签的时候，就屏蔽了这一事物本身所具有的其他可能性；而当我们开放地去看事物，不局限于原来的观念时，它就会拥有很大的弹性和很多的可能性。

如果我们认为照片一定要用胶卷，它便失去了电子化的可能性。柯达是不是就毁于这样的信念？

乔布斯是怎样用苹果这颗子弹“干掉”诺基亚的？

电商们又是在用怎样的子弹瞄准传统店铺？

2011年，微信横空出世，便迅即颠覆了我们习惯的通信方式。它是不是就属于通信行业中的另类子弹，从大家意想不到的角度射了出来？

还记得斯隆的问题吗？同样，我们也可以这样问：“如果没人告诉你做生意一定是这样的，我给你一片市场，你会怎么做？”

商场如战场。如今，商场上有很多子弹已经开始拐弯了。

你看见了吗？

让子弹转弯

雾霾与心霾

时下中国多地产生雾霾。其实外在的雾霾产生于内在的心霾。

环境的变化反映了人的生活态度的变化——人的信念出了偏差，行为就会有偏差，结果自然不会好。不敬畏大自然，就要面对大自然的惩罚。

一位朋友去北极旅游，那里的人对他说："这里的冰川融化得越来越厉害，你能否回去跟你们那边的人呼吁呼吁，请他们都爱护环境啊！"

好的环境源于好的理念——有了环保理念，街上才开始出现电动车，办公室才开始采用环保纸，餐厅才开始推行"光盘行动"，联合国才开始设立"世界地球日"。

这些是很多人都在做的看得见的事情。

根据量子力学的理论，我们的心念与外在的环境还有很多看不见的联系。

所以，在进行物理环保之前，先要进行心理环保。

我们向大自然扔了很多垃圾，而我们在人心里面扔的垃圾可能更多。

我们的一句话、一个表情、一个动作、一种情绪都可能在制造垃圾。

一位心理学方面的老师说："有些父母留在孩子身上的负面能量，孩子可能要用一生去清除！"

不仅是父母对孩子，我们对员工、客户、同事、朋友、同学又都制造了多少心理垃圾呢？我们又对自己制造了多少心理垃圾呢？

物理的污染可能要比较长的时间才会真正毁灭地球（但愿人类最终能拯救自己）。

但是，心理的污染可能会直接影响一个人的人生！

所以，是时候让我们从自己开始，做一位心理环保者了！

一树在你手，百鸟有归巢

人生一念转

教练的工作是关于人的。

而人不是千篇一律、一成不变的，人是充满可能性、可塑性的。

记得有这样一个故事：

> 爷爷跟小孙女说："每个人的内心都潜藏着两头狼，一头善良一头邪恶，它们不断地互相搏斗。"
>
> 小孙女好奇地问爷爷："那么，谁会获胜呢？"
>
> 爷爷说："就看你每天在喂养着哪一头。"

好人身上也有邪恶的一面，坏人身上也有善良的一面。

对应到企业中，我们所看好的“好员工”身上其实也潜藏着缺点，而我们所认定的“坏员工”身上势必也隐藏着优点。

人是动态的，而不是静态的。

今天所谓的“好员工”，明天可能变成“坏员工”；今天所谓的“坏员工”，明天也有可能成为“好员工”。

同样的道理，今天的朋友，明天可能变成敌人；今天的敌人，明天也可能变成朋友。

“好”与“坏”，“敌”与“友”不是固定的，而是可以相互转换的。

你喂养什么，什么就会变得强大。你一直喂自己什么，你最终就会成为什么。你不断激发别人的哪一面，他也就会展现出哪一面。人就像扑克牌，是好是坏，就看你是翻开正面，还是翻开反面。

所谓“一念天堂，一念地狱”，喂养什么，翻开哪一面，就看你那一念是走向天堂，还是去往地狱。

古希腊哲学家柏拉图说过：“好人之所以好是因为他是有智慧的，坏人之所以坏是因为他是愚蠢的。”

教练，帮助你活出选择的智慧。

然后，让你喂养出理想的人生。

翻开正面，活出精彩

PART 3

把握生命的按钮

归因理论

改变环境不如改变心境。

别人撒盐伤不了你，除非你身上有溃烂之处。每当你觉得受到伤害，是因为你自己有伤口。所以只要别人不经意地触碰到，你就敏感地又叫又跳，要别人为你的伤口负责。试想，如果伤口发炎的是你，却叫别人去吃药，你的伤口会好吗？凡事有别人的外因，也会有自己的内因。他人只是一面镜子，它在照着你自己。

这段话很生动地诠释了组织行为学的归因理论。这个理论指出：人们惯于将失败的原因归结为外部条件，而将成功的原因归结为自我。

这里有一个重要的心态上的区分，即归罪于外与操之在我。

“归罪于外”的意思是，环境有问题，环境需要改变来适应我。

“操之在我”则是归因于内，为自己百分之百负责任；看自己在一件事中应该负什么责任，或者可以从中学习到什么，以后可以做得更好。

我们常常觉得自己的条件不如别人，而最后结果往往也真的不如别人。

那么，我们再换个角度来比一比：

> 比你矮的潘长江，成了春晚上的明星；比你高的姚明，天降冰雹没先伤着他；比你胖的韩红，从歌星华丽转身为领导；比你瘦的鲁豫，是主持人中的凤凰；比你穷的王宝强，跑龙套终成影视明星；比你苦的朱之文，从农民奋斗成为歌手。

举上面这些例子，并非想打击你，而只是想激发你。

你并不比任何人差，只要愿意凡事“操之在我”，你的生命也可以绽放出独特的美丽！

归因理论的另一种说法就是：成就梦想的“因子”在你里面，而不在外面的环境中。

不破壳而出，谁知道你是鸡还是鹰

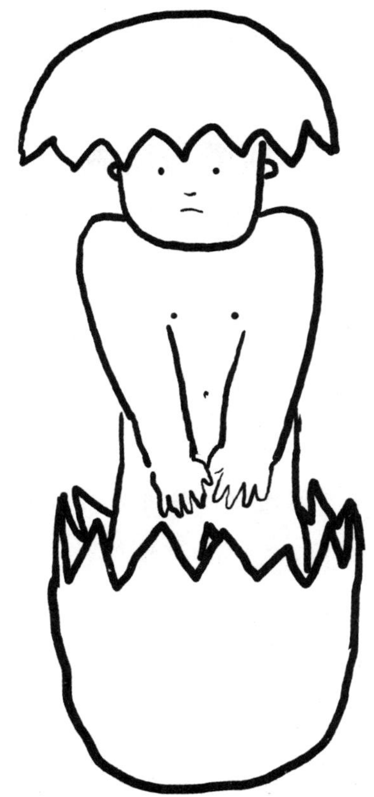

所爱与所做

俞敏洪曾在一篇《活到点子上》的文章里这样写道：

> 对下面几个问题的回答可以用来判断一个人是不是活到了点子上：
>
> 你喜欢自己正在做的事情吗？
>
> 你想到正在做的事情会充满热情吗？
>
> 你周围有朋友赞赏你正在做的事情吗？
>
> 你做的事情能够给心灵带来充实吗？
>
> 你有真正爱的人和爱你的人吗？

这些问题其实都是很不错的教练式问题，对于挖掘我们做事背后的价值与意义极具启发性。

教练不仅关注如何做，更关注为何做。如何做是方法，而为何做则是动力。

有这样一段心灵鸡汤式的话在网上流传甚广：

> 不管你学什么专业，找工作一定要找你喜欢的，这样你每天早晨6点到晚上8点都是高兴的。再找一个你喜欢的人在一起，这样晚上8点到早晨6点就是开心的。这就是幸福生活。

教练会在教练的过程中努力挖掘被教练者所真心向往的事物，以激发出被教练者的正面动力，从而使其获得最佳表现。

这是一种有效的激励方式。而人都是需要激励的。

然而，并不是所有人都那么幸运，可以随心所欲，能够如愿从事完全让自己满意的工作。

那么，按照前面的说法，是不是就该描述为“工作是你不喜欢的，你每天早上6点到晚上8点都是郁闷的”呢？

在这种情况下，如果你身边有一位心态教练，他多半会支持你调整看法：既然事情无法改变，就改变自己——“不能做我所爱，但可以爱我所做”。

“所做”是外在的事情，“所爱”则是内在的态度。

山不过来，我就过去。正如著名心理学家弗兰克尔所说——态度选择的自由，是人类的终极自由。

从这个意义上说，企业教练就是把“所做”变成“所爱”的技术。

外　面

美国科研人员曾做过一项有趣的“伤痕实验”。

他们对一群志愿者说，实验的目的是观察人们对身体有缺陷，尤其是有面部伤痕的陌生人的反应。

然后专业化妆师在志愿者脸部画出一道血肉模糊的“伤痕”，并且让志愿者在镜子中看到这道“伤痕”。

接下来工作人员把镜子拿走。这时化妆师表示要在“伤痕”上再涂一层粉末，以免其被不小心擦掉。而实际上，化妆师是用纸巾偷偷抹掉了“伤痕”。

之后，志愿者被派到各医院候诊室，任务就是观察别人对其面部伤痕的反应。

一天下来，返回的志愿者无一例外地反映，人们对他们比以往更不友好和粗鲁无礼，而且总是盯着他们的脸看！

很明显，实际上，是每个志愿者自己心中的那只“眼睛”看到别人在“看自己的脸”。

有什么眼光，就会看到什么样的景象。

所以张德芬说：“亲爱的，外面没有别人，只有你自己。”

“你的生活不是一个巧合，而是映照你自己的所作所为的一面镜子。”

问题在我们身上，答案也在我们自己身上。

我们在为了某些事情而指责别人的时候，其实往往需要转过头来看自己。

我们总想解决外在的问题，而教练的做法往往是避免让你自己成为问题。

因为，问题其实不在外面，而在你自己。

改造世界是从改造自己开始的

化敌为友

我的一位训练师学徒跟我说："最近我要为一家企业讲一堂课，据说会有160位听众。以前我的课程人数最多也只有100人，这次人这么多，而且其中还有些重量级人物，我很担心。"

我就问她："为什么人多，你就会担心呢？"

她回答："我怕遇到挑战。"

我问她："你认为他们是来挑战你的吗？他们可否是来支持你的呢？"

她回答："我没这样想过。"

于是我就跟她分享了自己的经验：人多的课堂，从另一面来看其实更容易把握，因为人越多，他们彼此之间的互动越多。关键是你把他们看作朋友还是敌人。

过了一个月，这位学徒告诉我，她调整了自己对课堂上人多的看法，最终很圆满地完成了那一次授课。

阿澜跟教练抱怨道：“我好难招人。”

教练问：“难在哪里？”

阿澜说：“我想招一个能干的，但是又担心招到太强的，会把我这个老板架空，所以心里很矛盾。”

教练说：“你把别人都看成来抢你饭碗的人，但是，你们可不可以是搭档呢？”

阿澜说：“也有可能会引狼入室啊。”

教练说：“如果你这样想，那你就无论招什么人都不行了。我想问问你，别的企业是怎样‘与狼共舞’的？”

阿澜说：“我明白了。可能我需要改变一下我对强者的看法。”

教练说：“同时，你也可以把自己变成强者。”

很多时候，“朋友”是我们看出来的，“敌人”也是我们看出来的。

有时候，我们在训练定向时会跟助教说：“如果你用老朋友的眼光来看待学员，就很容易跟他们成为真的朋友。”

你把对方看成敌人，对方就容易被塑造成敌人；你把对方看成朋友，对方也很容易被塑造为朋友。

要想化敌为友，先要转换自己内心对别人的看法。

其实，真正的敌人不在外面，而在我们内在的看法中。

又多了好多朋友来支持我

情绪按钮

不生气，其实也是一种修行。

——一行禅师

我们常说：“聪明一世，糊涂一时。”为什么会糊涂？往往是因为沉浸在情绪当中。

教练常常会遇到情绪方面的案例。

有一次，一位学员说，别人的一句话让他很生气。

教练对他说：“这样看来你只是一个弱者，因为你那么容易被他人影响。好像你的情绪按钮掌握在对方手上。你似乎只是一个牵线木偶，乖乖地听他指挥。”

学员听了不吭声。

教练又说："我想你有这种感觉，应该不是你人生当中第一次了吧。"

学员态度有所转变，回答道："是的，管理情绪的能力确是我需要提升的。"

教练说："他只是你情绪的替罪羊。这次你可以说是他惹了你，下次你有情绪还会换另一只替罪羊。"

情绪只是一种选择。但很多时候我们以为我们的情绪取决于对方的态度。

实际上，你的情绪跟对方没有必然的联系，你是完全可以自主选择的。

有人说："你管理情绪的速度，就是你迈向成功的速度。"

还有人说："要问你的命好不好，就看你的脾气好不好。"

说法不同，但意思一样，这些话要表达的核心都是，情商决定成败——命运掌握在自己手上，而不在别人嘴里。

情绪就像洪水一样，管理得好就能为我所用

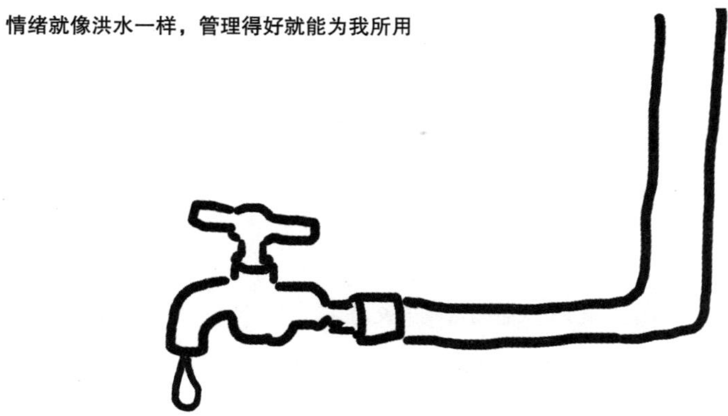

人生如杯

一

有人说：

人生就好像杯子，你装进什么，你的人生就是什么。

你往杯子里装进付出，你的人生就是付出；

你往杯子里装进索取，你的人生就是索取；

你往杯子里装进悲伤，你的人生就是悲伤；

你往杯子里装进快乐，你的人生就是快乐。

在运动场上用来奖励，杯子就成了奖杯；

在宗教场所里用来礼赞，杯子就成了圣杯。

杯子折射人生。每个人都是自己生命的调酒师，在时光中慢慢调制自己的那杯鸡尾酒。

有这样一个故事：

一位徒弟向师父学习了三年，觉得自己的能力有了长进，便向师父表明出师之意。师父听了之后什么也没说，只是叫他装一杯石头来，徒弟照办了。师父问："满了吗？"徒弟答："满了。"师父顺手抓起一把沙子装进杯里，问："满了吗？"徒弟答："满了。"师父又往杯里装了一把石灰，问："满了吗？"徒弟答："满了。"师父又往杯里倒了一杯水，水没有溢出来。师父继续问道："满了吗？"终于，徒弟羞红了脸，哑口无言。

人生如杯，潜力无限。

从你来到这个世界开始，上帝就已经把生命这个杯子交给了你。

装什么、装多少，就是你自己的事了。

你装什么，你的人生就是什么

空　杯

古时候，有一个佛学造诣很深的人，听说某个寺庙里有一位德高望重的老禅师，便前去拜访。老禅师的徒弟接待他时，他态度傲慢，心想："我是佛学造诣很深的人，你算老几？"后来老禅师十分恭敬地接待了他，并为他沏茶。可在倒水时，杯子明明已经满了，老禅师还是不停地倒。他不解地问："大师，为什么杯子满了，还要往里倒？"老禅师说："是啊，既然已经满了，干吗还要倒呢？"老禅师的意思是："既然你已经很厉害了，干吗还要来找我？"

我们常说的"空杯心态"，就源自这里。"空杯"对应的是"满杯"。

俗话说：“谦受益，满招损。”

《老子》中有类似的说法：“天之道，损有余而补不足。”

一代武学宗师、功夫巨星李小龙也非常推崇空杯心态，他说：“清空你的杯子，方能再行注满，空无以求全。”

当杯子里装进苹果汁的时候，人们看到的就是苹果汁；

当杯子里装进茶水的时候，人们看到的就是茶水；

当杯子里装进葡萄酒的时候，人们看到的就是葡萄酒。

同样的道理，你的人生之杯装满了钱，人们就只看到钱；装满了权，人们就只看到权。只有当杯子里什么都不装的时候，人们才看到杯子本身。

其实杯子里什么都不装的时候，也装了一样东西——空。杯子是空的，就代表它有可以装苹果汁、装茶、装葡萄酒，以及装很多很多别的事物的可能性。

装进空，生命就拥有无限可能！

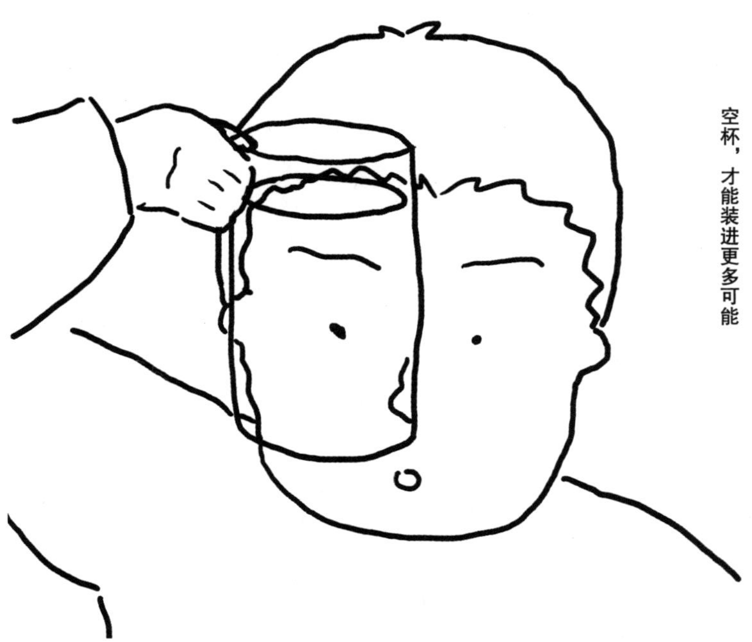

空杯，才能装进更多可能

换　杯

在一次训练中，一位学员表现出一些明显的固有模式，听不进不同的声音。

教练就开始与这位学员对话："你是否注意到刚才自己的表现？"

学员也承认自己有问题，回答说："我知道，我表现得比较自我，不听别人的意见。"

教练："你平时是否也有类似表现？"

学员："是的，这也是我来学习的目的之一。"

教练："从你刚才的表现看，我觉得你只喜欢听你认可的声音。"

学员："是的，我是有选择的，喜欢听的就听，不喜欢听的就不听。"

教练："也就是说，你这一生听来听去也只能听到一种声音，就是你喜欢的声音，别的声音你会自动屏蔽。"

学员："是的。"

教练："你认为这对你的生活有什么影响？"

学员："会让我变得比较固执吧。"

教练："我们常说空杯空杯，我不要求你立刻空杯，你可以先换杯——从一只小杯子换成一只大杯子，允许自己听进不同的声音。"

对于有些人，我们想让他们放下、空杯，其实他们是很难很快真正放下、真正空杯的。

但是若我们让他们换杯——可以保留原有的，同时也可以扩大自己的容量——相对而言，这种说法，对方会更容易接受。

对这种人，教练不应该执着于空杯的要求，而应该基于效果先去尽力扩大对方的心量、扩大对方的胸怀。

杯子更大，才能装得更多

内修与外求

向外看的人，梦着；向内看的人，醒着。

燕山隐士赵文竹先生有一枚方印，上书“求之不得”四字。

由于排列巧妙，我们对这四个字完全可以有不同的解读，既可以看成“求之不得”，也可以看成“不得求之”，还可以看成“不求得之”。

我将此理解为三种境界：

求之不得，意即刻意追求反而得不到。换种说法，就是有心栽花花不开。

不得求之，意即不要太执着一定要得到。换种说法，就是只问播种，不问收获。

不求得之，意即不刻意求反而得到。换种说法，就是无心插柳柳成荫。

这是修行者的境界。

然而，企业教练作为一种管理方式，是以成果为导向的。换句话说，教练是有所追求的。

虽然如此，修行者的智慧却给予我们另一种赢的启示——不求不是真的不求，而是以不刻意、不执着的方式来求。不是向外求，而是往内求。

人们常说，“不要追着钱跑，要让钱追着你跑”。钱如何才会追着你跑呢？就是要把自己修成一个能吸引钱的人。

感情上也是一样，要想得到理想的伴侣，就先让自己成为理想伴侣。

外求与内修的关系，就是果与因的关系。

正所谓：

高调做事，低调做人；

因上努力，果上随缘。

你若盛开，蝴蝶自来；

你若精彩，天自安排。

你若盛开，蝴蝶自来

转　型

一位教练朋友分享了一个案例：

我有一位朋友刚刚结婚，她是家里的独生女。平时在家的时候，爸妈都非常宠爱她。在家里不让她做任何家务，也舍不得让她受委屈，十分娇生惯养。

结婚之后，她还是像以前在家里一样，平时连倒杯水都让她老公做，为此，夫妻俩经常吵架。因为老公觉得她很过分，什么家务都不做，没有尽到妻子的本分。可她却认为自己不做家务是天经地义的。而且，她的父母也觉得她是对的，认为以前在家里都不用做事，凭什么嫁过去就要做家务呢。有父母支持，她就更加有恃无恐。

有一天，我和她聊天。

我问她："是什么原因让你们夫妻俩，因为做家务这样的小事而经常闹得不开心？"

她说："我以前在家从来没有做过家务活，家里的事都是我爸妈干的呀。"

我说："可是，你想过没有，你现在嫁给你老公是做他老婆的，不是嫁给他做女儿的。"

她一听也愣住了，半天说不出话来。但是看得出她开始反省自己了。

有些人，在公司是领导，在家里也摆出领导的架势。

还有些人，已经在船长的位置上了，但还是水手心态。

还有些人，企业规模已经发展得很大了，但还是小作坊心态。

还有些人，年龄已经很大了，却还装得像小孩一样，因为自己内心抗拒成长，害怕承担更大的责任。

所有这些表现，都属于角色固化或者角色依恋。

环境变了，如果我们心态没变、习惯没变、模式没变，就会跟环境发生冲突或者被环境淘汰。

大家都知道，当环境改变时，企业需要转型。

其实，每个人都需要转型。转型就是转换角色。在生活中，我们都有很多不同的角色，到适当的时候，我们就应该扮演好相应的角色。

而转型的关键在于转念——先转念，再转身，最后转型。

会转型，才会更“有型”！

PART 4

活出成功的信念

鱼与熊掌

你认为你能或是不能，你都是对的，但结果就大不相同了。

——亨利·福特

阿泉是企业的营销总监，想参加教练学习，可正好公司的全国经销商会议在外地同期召开。他很想参加学习，但又觉得自己作为营销总监，必须要参加这个会议，这是自己最重要的工作之一。一时间，“鱼”与“熊掌”，难以取舍。

于是，阿泉便打电话向教练求助：“我没有分身术，难以兼顾。”

教练：“如果你已认定自己做不到，那我也帮不了你。”

阿泉：“教练，你能否给我一些启发呢？”

教练：“你开经销商会议的目的是什么？”

阿泉："安排一年的订货工作，跟经销商联络感情。"

教练："要达到这个目的，你是否一定需要当天亲自在场呢？"

阿泉："那倒不一定。但是我担心老板会怎么看我，'这么关键的时候，作为营销总监居然不在场'，怎么也说不过去。"

教练："我不清楚你老板的态度，不好下结论。不过，你可以想想，老板是关心你在不在场，还是关心会议的结果？"

阿泉好像有所启发，沉默一会儿之后说道："我知道了。我去想想办法。"

最后阿泉真的找到了办法。他提前一天到经销商入住的酒店去找每一位经销商沟通，说明自己第二天需要去学习，学习的目的是提升领导力，把团队带得更出色，把自己的管理工作做得更好。出乎他意料的是，所有的经销商都非常支持他，跟他说："你去好好学，订货的事我们会支持你的。"

结果，阿泉如期参加了学习，并得到了自己想要的收获。而且，由于他的真诚沟通，经销商们也真的给予了大力支持，会议当天的订货额也超过了他的预期。

"鱼"与"熊掌"能够兼得。创造奇迹的，不是教练，而是被教练者自身的潜能！

我们总以为任何事都离不开自己。其实没有你，地球依然会转。

试着问问自己："在生活或工作中，我曾舍弃了哪些原本无须舍弃的'鱼'？又舍弃了哪些原本可以兼得的'熊掌'？"

不是"不可能"，而是"不，可能"！

因为，只要你敢想，世界总会给你最好的！

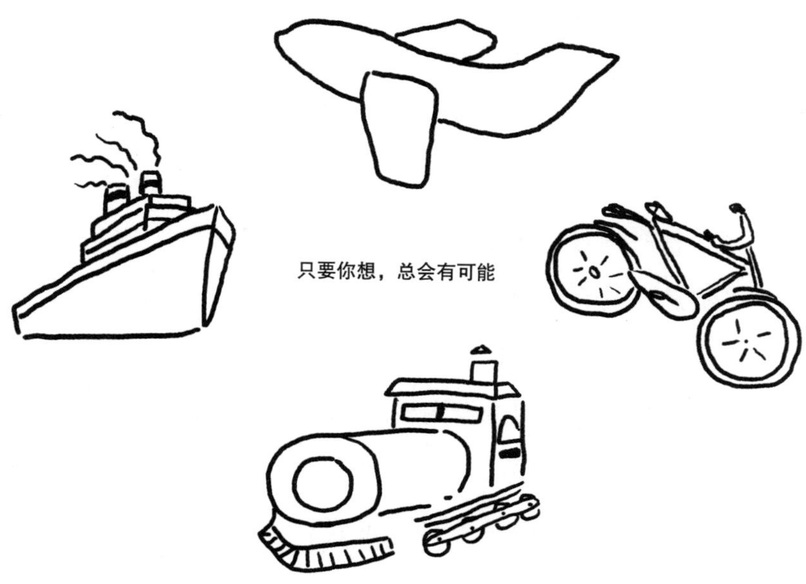

活出信念

什么都可以没有，但是不能没有信念。

网球名将李娜回答记者提问时曾说："没有什么失败者，失败者都是中途放弃的人。前两次没有夺冠，只是我没有对手强大。设定好自己的目标，一步一步努力做到就好。去年我说我想打进世界前三，根本没人相信。今年我说我想再拿一个大满贯冠军，同样也是没人相信。但是最重要的是，我相信，罗德里格斯相信，我的团队相信，这就是全部了。人之所以能，是因为相信能，没有失败，只有放弃。"

相信能，有可能；
相信不能，一定不能。

人活着，就是在活一种信念。

有人对马云说：“我佩服你能熬过那么多难熬的日子，然后才有今天这样的辉煌，你真不容易！”

马云说：“熬那些很苦的日子一点都不难，因为我知道它会变好。我更佩服的是你，明知道日子一成不变，还坚持几十年照常过。换成我，早疯了！”

日子是苦还是甜，取决于我们对日子的看法。

活出自己的信念，日子就不会再难熬。

看见才相信，这叫“眼见”。

相信才看见，这叫“心见”。

“心见”，就是心里的眼光——信念的力量超越了视线的距离。

一位哲人说：“你的心态就是你真正的主人。”一位伟人说：“要么你去驾驭生命，要么就是生命驾驭你。你的心态决定谁是坐骑，谁是骑师。

阿城的著名小说《棋王》中有这样一个情节，棋王王一生以一对九，完胜“九局连环”的盲棋后，哽咽着说了一句话：

“妈，儿今天明白事儿了。人还要有点儿东西，才叫活着。妈——”

按我的理解，棋王嘴里所说的，让人能够算得上活着的“那点东西”，就是信念！

信不信

阿宏是我一位好朋友的儿子，16 岁。他在深圳读高中，因为学习压力大，状态不太好。

有一天，朋友把他带到我家里，希望我从教练的角度给孩子一些帮助。

我跟阿宏谈了差不多两个小时，想通过沟通努力调整他的学习心态。

结束的时候，我给他讲了吸引力法则，还送了一本相关的书给他。阿宏听进去了，也信了。

回去以后，阿宏很快制定了要在全年级内进步 120 名的目标。我们还创建了一个微信群，以便随时分享和支持。

之后，阿宏不断在微信群中分享：

“吸引力法则虽然听起来简单，可是实践的时候却感觉不太容易。比如我这次打算在月考的时候进步 120 名，进步 120 名就是我想要的。于是我喝水时喝 12 小口，刷牙漱口时漱 12 下，上厕所也只上第二间和第六间，或者第三间和第四间，因为 2×6=12,3×4=12。我让 12 这个数字反复出现在我脑海中，12 这个数字能告诉我这次月考要进步 120 名，它反复出现在我脑海里，就可以帮我将它吸引过来。

“这次月考有微微逼自己一把，玩手机的时间也用来背书，踢球的时间也少了，都用来做题，没想到这次语文从之前的 70 分增加到了 108 分，我太激动、太高兴了。”

结果，阿宏最终考试进步了 134 名，其中有 3 科还进入了班级前 10 名。

意图带来能量。

目标清晰带来无形的吸引力。

有时候，“行不行”其实取决于你“信不信”！

相信自己是王者，你就是王者

成为动词

一

农家女学校的创始人吴青说："我们的学员都成了动词，因为只有行动才能成功！"

有些人太多大脑分析，而缺乏足够的行动力。所以有人调侃这类人："想的比教授多，做的比文盲少。"

为什么会这样呢？原因可能是有些俗话潜移默化的影响。诸如"凡事三思而后行""谋定而后动"等。

的确，"思"与"谋"是必要的。

但是需要做区分的是，俗话说的是"三思而后行"，而不是"三思而不行"；是"谋定而后动"，而不是"谋定后不动"。

因此，思考是必要的，但只停留在思考层面是不会产生结果的。

我们常常成为哪种词呢？

是名不副实还是名副其实的名词？

是画饼充饥还是描绘愿景的形容词？

是长吁短叹还是兴高采烈的语气助词？

但无论如何，我们都需要干劲十足的动词。

行动是目标与成果之间的桥梁。

不仅需要三思而后行、谋定而后动，而且需要三思后能迫切行动、谋定后有大量行动。

在行动中摸索，在行动中学习，在行动中调整，在行动中成长，在行动中成功。

二

四川边境曾有两个和尚，一个贫穷，一个富裕。穷和尚对富和尚说："我想要到南海去，你看怎么样？" 富和尚说："你凭借什么去呢？" 穷和尚说："我只需要一个盛水的水瓶和一个盛饭的饭碗就足够了。”富和尚说：“我几年来想要雇船沿着长江下游而去（南海），尚且没有成功。你凭什么去！”到了第二年，穷和尚从南海回来了，并把到过南海的这件事告诉了富和尚。富和尚的脸上露出了惭愧的神情。

行动比资源重要，决心比财富重要。

正如古人所说：天下事有难易乎？为之，则难者亦易矣；不为，则易者亦难矣。

三

有人曾这样诗意地描述：

再远的路，走着走着也就近了；
再疏的人，交往交往也就亲了；
再高的山，爬着爬着也就平了；
再难的事，做着做着也就顺了。

人们常说：“心动不如行动。”一千个想法，有时不如一个行动。

有了行动不一定会有结果——可能有的人天天锻炼也成不

了球星；

但没有行动一定没有结果——没有人能靠天天看球赛而成为球星。

《晏子春秋》早已很精练地做了总结："为者常成，行者常至。"

鲁迅说："世上本没有路，走的人多了，也便成了路。"

但是，有时候，世上本有路，总是没人走，也会荒芜的。

修　行

好学近乎知，力行近乎仁。

——《中庸》

在一次健康学习的课堂上，老师问台下的同学："什么叫修行？"

其中一个同学回答："修行就是修正行为。"

老师说："回答得对。"

然后老师话锋一转，又继续问："那么我们每天贪吃的行为要不要修正呢？"

同学们说："要。"

老师再问："我们喜欢熬夜的行为要不要修正呢？"

同学们说："要。"

老师继续问：“我们不爱锻炼的行为要不要修正呢？”

同学们说：“要。”

这位老师颇有教练风范。或者，他本身就可以算是一位健康教练吧。

当然，同学们在课堂上回答“要”字是很干脆，但实际能不能都做到又是另一回事了。这也需要教练的跟进和监督。

实际上，国外就有这样的健康教练。很多公司也对员工进行健康管理。

有时候，有些被教练者在接受教练时会说：“我知道了，我会迁善的。”但行为上却没有任何改变。我们把这种情况称为“假迁善”。

概念上要知道，行为上还要做到。

人生就是修行。

把不健康的行为修正为健康的行为，把无效的行为修正为有效的行为，把行不通的行为修正为行得通的行为，是为“真迁善”。

真迁善，真受用！

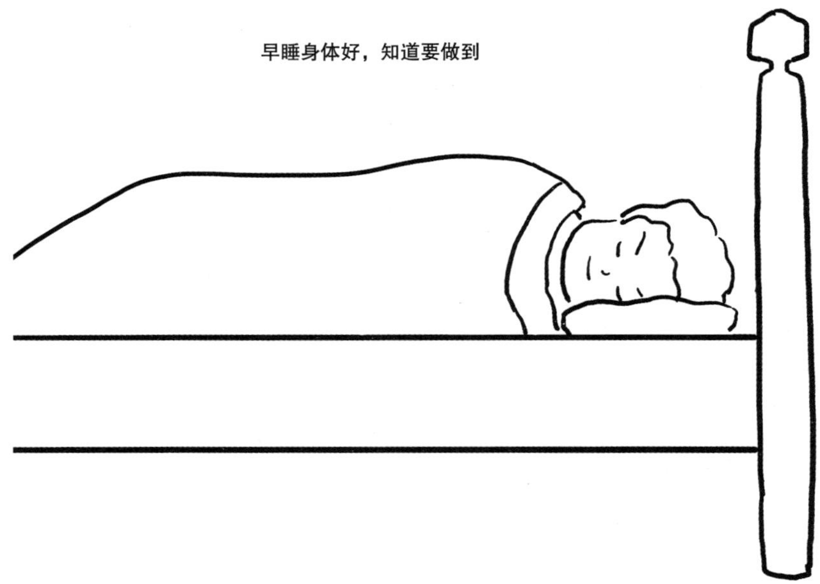
早睡身体好，知道要做到

碌碌无为

好好干是大道理，干好了是硬道理。

孔子说某些人属于“碌碌无为”型。

这是什么意思呢？

就是看似每天忙忙碌碌，却没有什么成就。

在教练的过程中，经常会遇到下面这样的例子。

一次，教练跟进阿光的销售目标。

教练：“阿光，你还记得上周你说本周会完成销售目标的宣言吗？”

阿光：“记得。”

教练：“那么你是否有按时完成？”

阿光："没有。不过我已经跟对方谈了很多次了。"

教练："你的意思是谈了很多次就等于目标达到了吗？"

阿光："不是。"

教练："你现在的状态是既好又不好。好的是你已经去做了，不好的是你还没有做到。你是只想做一做就算数，还是想让自己真正做到？"

阿光："当然是想做到。教练，我知道了，不能把'做了'当作逃避'做到'的理由。"

教练："是的，从'做了'到'做到'，就是你需要学习的一课！"

根本不想要得到，没有行动没有成果，这是清静无为。

想得到而得不到，只有行动没有成果，这是碌碌无为。

想得到最后得到，既有行动也有成果，这是碌碌有为。

从企业角度来讲，"碌碌有为"，就是我们常说的"企业执行力"的体现。如何支持团队从"碌碌"到"有为"，也正是领导者需要研究的学问。

『做了』与『做到』的区别在于有没有成果

学会学习

一

中国有一句古话："古之学者为己，今之学者为人。"

意思是，古代治学的人都老老实实地通过学习反省自己的问题，改善自己；而今天治学的人则总是通过学习来炫耀自己，发现别人的问题。

所以，在学习之前，我们需要明了自己为何学习：

不是为了人多时炫耀，而是为了独处时安心；

不是为了战胜他人，而是为了超越自己；

不是为了改变外界，而是为了唤醒内在；

不是为了迎合潮流，而是为了返璞归真；

不是为了装潢门面，而是为了充实生命。

明了方向，才不会南辕北辙，误入歧途。因为，我们来到这个世界上，本就不是为了匆匆赶路，而是为了早早回家。

学习，就是找到让心回家的路。

二

清代文学家彭端淑的《为学》一文中有这样一句话："人之为学有难易乎？学之，则难者亦易矣；不学，则易者亦难矣。"

学习本来是一件中立的事情，没有难易。去学就容易，不去学就难。

有人曾说："学不会英语的方法只有一个，就是不去学。"换言之，只要有学习的意愿，用什么方法都能学会，只是时间早晚的问题。

拥有一种好的学习态度，是取得好的效果的先决条件。

三

很多管理者整天都在谈"学习型企业"，可是如果不主动学习的话，再好的概念也没用。

因为，真正的学习是从学习者开始的。

有一位学员，在参加训练时摆出一副很满的姿态，教练就回应他："你虽然交了学费，但还没真正成为学生。"意思是说，他还没有准备好学生应该具备的心态。

《为学》中还说道："是故聪与敏，可恃而不可恃也；自恃其聪与敏而不学者，自败者也。昏与庸，可限而不可限也；不自限其昏与庸，而力学不倦者，自力者也。"

这段话的意思是：聪明与敏捷，是可靠又不可靠的；依靠聪明与敏捷而不努力学习的人，是自己毁了自己。愚笨与昏庸，是可以限制又不可以限制的；不被自己的愚笨与平庸所限制而坚持不懈地学习的人，是靠自己的努力而学有所成的。

电视剧《士兵突击》中讲到两个人物：成才与许三多。他们可以说就是这两种人的典型。成才聪明、敏捷，自恃自己本领高、枪法好，不把别人放在眼里，也不愿意从别人身上学习更多的东西，所以屡遭挫折；而许三多确实愚笨、平庸，悟性也差，但是他不被自己的愚笨、平庸所限制，脚踏实地地一步步虚心学习，终成一代"兵王"。

四

我们常说："死在课堂上，活在战场上。"

课堂的价值，就在于减少我们在生活中付出代价的机会与成本。

作家菲茨杰拉德说："你学过的每一样东西，你遭受的每一次苦难，都会在你一生中的某个时候派上用场。"

《伊索寓言》中有这样的话："最好是通过别人的厄运而不是通过自己的厄运来学得聪明。"

我们遇到的所有事情，都是一场学习。

善于学习，每一个课堂都会变成天堂！

吃饭与学习

民以食为天，企以学为先。

教练在进行教练对话的过程中，常常会用比喻的方式来启发被教练者。

因为打比方的方式比较生动，往往能给对方以印象深刻的启发。

下面就是一例。

职业经理人阿清非常好学，总是在不断地学习新东西。但在学习过程中，他也会遇到一些不解之事。有一次，他去向教练请教。

他跟教练说：“教练，我是个喜欢学习的人，这几年学了很多东西，比如MBA（工商管理硕士）、成功学、NLP（身心语言程序学）、家庭系统排列、催眠、潜能开发、销售技巧等。可是为什么我已经学了这么多，经营企业时却还是会遇到问题呢？”

教练："谁告诉你学得多就不会再有问题？"

阿清："这……我觉得都学了这么多了，应该什么问题都可以搞掂了吧。"

教练："我问你，你是不是天天都吃饭？"

阿清："是啊。"

教练："那你会不会觉得'我昨天已经吃过了，为什么今天还要吃'？"

阿清："嘿嘿，我明白你的意思。无论过去学了多少，都可能会遇到新的问题，我们需要持续不断地学习。"

只要你还活着，就会有活着要面对的问题，就需要不断学习——粮食喂养我们的身体，而学习则喂养我们的灵魂。

生命不息，学习不息。

学习喂养我们的灵魂

欲浮则沉

“欲浮则沉”，字面意思是，要想往上浮，就要先沉下去。其实有点类似于“吃得苦中苦，方为人上人”。

而实际上，其最核心的意思是，要想出人头地，就要先付出、积累。

“你的才华还撑不起你的野心时，那就静下心来，学习”，这是电影《中国合伙人》里的台词。

同样，当你的能力还驾驭不了你的目标时，那就沉下心来积累、历练。

一位培训行业的老总说：“我请的老师通常都是有十年以上行业经验的。”

他的理由是：别的可以模仿，时间历练却是无法模仿的。

在这里需要特别说明一下，并不是行业经验不足十年的老师就不好——相信有很多年轻老师也非常出色。这个例子只是为了说明沉淀的必要性。

正所谓“台上一分钟，台下十年功”。

很多巨著都是用很长的时间“酿造”而成的。

马克思写《资本论》花了 40 年，达尔文写《物种起源》花了近 20 年，哥白尼写《天体运行论》花了 36 年，摩尔根写《古代社会》花了 40 年，歌德写《浮士德》花了 60 年，托尔斯泰写《战争与和平》花了 37 年，司马迁写《史记》花了 13 年，左思写《三都赋》花了 10 年，李时珍写《本草纲目》花了 27 年，曹雪芹写《红楼梦》花了 10 年，徐霞客写《徐霞客游记》花了 34 年，法布尔写《昆虫记》用了 30 年。

所以有人总结说：“大寂寞，大成功；小寂寞，小成功；不寂寞，不成功。”

寂寞的时候就是“沉”的时候，成功的时候就是“浮”的时候。

有多少“沉”，就有多少“浮”。

台上一分钟，台下十年功

升　级

阿米："教练，我的孩子不听话，总爱玩电脑游戏。"

教练："你的孩子多大？"

阿米："12 岁。"

教练："男孩还是女孩？"

阿米："男孩。"

教练："你希望他怎样呢？"

阿米："我希望他别太痴迷于游戏，希望他能多把精力放在学习成绩上面。当然，偶尔玩一下也没关系。"

教练："你是否了解过，电脑游戏究竟有什么吸引他的呢？"

阿米："因为游戏会不断升级，有很多好玩的。"

教练："那么作为母亲，你是否已经很久没'升级'你的沟通方式了呢？"

阿米："这……是。但我要怎么'升级'呢？"

教练："你与他的沟通可不可以也变得好玩些呢？"

阿米："可以。我知道，我要多用玩的心态去跟孩子沟通。不过我比较讨厌电脑游戏。"

教练："可是，你讨厌的东西正在吸引你心爱的儿子。"

阿米："这正是让我郁闷的地方。"

教练："除了郁闷，你有没有从中学到些什么？"

阿米："难道我要陪他一起玩游戏？跟他一起变成'游戏控'？"

教练："未必要变成'游戏控'，但你可以更深入地了解到底是什么在吸引他。"

阿米："了解了之后就一定能让他不再痴迷于游戏了吗？"

教练："我也不能保证，但是否会比现在更容易跟他沟通呢？"

阿米："我明白了。我先要跟他有共同的话题才能沟通，进而才有可能真正影响他。"

教练："很好！你愿意为你的儿子而'升级'自己吗？"

阿米："当然愿意！谢谢教练！"

中国有句老话，叫作"时变，道亦变"。

成长中的孩子，有可能每一天都不一样。作为父母，也需要随之不断升级自己的沟通与教育方式。

一位资深华人教育家说："当你的成长速度跟不上爱人时，婚姻就会出现问题；当你的成长速度跟不上孩子时，教育就会出现问题；当你的成长速度跟不上老板时，工作就会出现问题；当你的成长速度跟不上客户时，合作就会出现问题；当你的成长速度跟不上市场时，公司就会出现问题。解决问题的核心就是学习、成长、改变！"

一句话："不升级，就 out 了。"

升级沟通力，才能让孩子爱上学习

能力与魅力

阿芬："教练，我怎么才能改变我老公？"

教练："你老公怎么了？"

阿芬："下班后他不跟我说话，老是玩手机、玩微信。"

教练："这说明手机的魅力比你大哦。"

阿芬："这能比吗？"

教练："我这么说不是比较，而是想让你学习。幸好他只是玩微信。"

阿芬："那倒是，也不算什么大不了的事，只是我感觉自己被冷落了。教练，你能否给我更多帮助？"

教练："他怎么评价你？"

阿芬："他说我是一个有能力的女人。"

教练："这是否说明你有能力、缺魅力呢？"

阿芬："可能是吧。我平时都忙于工作，没怎么顾得上打扮自己。"

教练："魅力不一定是外在打扮，也可能是内在的修为。"

阿芬："我明白，不仅要打扮，也要提高涵养。确实，我可能忽视了这方面。"

教练："你忽略这方面的话，对你的家庭会有什么影响呢？"

阿芬："会让家里缺少氛围。我知道了，我会改进的。"

作为女人，不仅要有能力，更要有魅力。

能力是用来完成事情的，魅力是用来打动人心的。

能力解决不了的问题，往往需要魅力来解决！

魅力女人

我不仅要有能力，更要有魅力

太祖长拳

武侠小说《天龙八部》里有一个重要情节，那就是聚贤庄大战。当时，天下英雄认定乔峰是外族胡人，都要杀了乔峰。当一位少林僧人跟乔峰过招时，乔峰竟以最常见的太祖长拳打败了僧人的天竺神功。

在小说里，太祖长拳可以说是练武的基本功，习武之人几乎都会。但乔峰用出来却威力无比——因为乔峰具有深厚无比的内功。

阿牛如今是一家知名培训机构的老总，我觉得他就是企业版的乔峰。

起初，阿牛负责J城市，从初创起步，最后他的业绩做到了全公司第一；之后，他被调到一个不起眼的A城市，又做到全公司第一；再被调到 B 城市，还是做到全公司第一；后来，他同时负责 A 城市和 B 城市，结果还是取得了 A 城市全公司第一、B 城市全公司第二的好成绩。

阿牛向我分享了他的“太祖长拳”——电话销售。电话销售，即通过电话邀约客户，是很多培训机构采用的一种基本业务拓展方式。但现在很多机构都不喜欢用电话销售了，因为很多客户接到销售的电话就烦，态度也不好，甚至直接挂电话。

阿牛说：“很多人都觉得电话销售没前途了。可是我不这样认为，我认为还有很大空间。因为我的电话销售里面是有‘内功’的。到最后，客户都奇怪，‘别人都不打电话了，你们还能坚持，真有毅力’。”

阿牛总结说：“我的诀窍就是——用最傻的方法得到最牛的成果。”

这个案例给我们的启发是：

获胜的关键不在于你用的是长拳、短拳、直拳、勾拳或者别的什么拳。

关键在于你是不是“乔峰”！

用最傻的方法得到最牛的成果

凌晨的洛杉矶

记者问科比·布莱恩特："你为什么如此成功？"

科比反问："你知道洛杉矶凌晨4点的样子吗？"

记者摇摇头。

科比说："我知道洛杉矶每天凌晨4点的样子。"

有人说："看看你打算为目标付出些什么，就可以知道你最后的成就。"

篮球运动员很多，凌晨4点起床的估计不太多，每天凌晨4点起床的应该就更少。

自己的路靠自己走，自己的梦靠自己追！

有一幅漫画上写着：熬夜，是没有勇气结束这一天；赖床，是没有勇气开始这一天。从这个意义上来说，科比比别人更有勇气更早开始新一天。

还有这样一种说法：任何人在任何领域专注 5 年就会成为专家，10 年就会变成权威，15 年就会变成世界顶尖级人才。

生命无偶然，没有人能随随便便成功。

哲学家尼采曾说："如果这世界上真有奇迹，那只是努力的另一个名字。"

《基督山伯爵》中有这样的话："当你拼命想完成一件事的时候，你就不再是别人的对手，或者说得更确切一些，别人就不再是你的对手了。"

科学家爱因斯坦曾说："人的差异产生于业余时间。业余时间能成就一个人，也能毁灭一个人。"

当然，并不是要你牺牲正常的睡眠来完成目标（从健康的角度，我们甚至鼓励你中午也小睡一会儿，以保证下午的精力和状态），而是检视一下自己是否有一种努力的生活态度。人生越努力，越有好运气！

科比印证了上述名人的说法——

凌晨 4 点的洛杉矶知道，多数日子里比太阳起得更早的科比是如何成就自己的！

凌晨４点的洛杉机知道科比是如何成就自己的

PART 5

回归当下的幸福

幸福追求

草原上有一对狮子母子。小狮子问母狮子：“妈妈，幸福在哪里？”母狮子说：“幸福就在你的尾巴上。”于是小狮子不断地追着尾巴跑，但始终咬不到。母狮子笑道：“傻瓜！幸福不是这样得到的！只要你昂首向前走，幸福就会一直跟随着你！”

这则故事很有意思，它道出了“追求幸福”与“幸福追求”的区别。

追求幸福——以为幸福在外面，便一味向外追求。

幸福追求——用一种幸福的状态去追求一切。

有时候，我们对幸福的看法就像小狮子追自己的尾巴一样。

我们来看看下面的对话：

阿芳："结婚时我向自己承诺以后一定要幸福。"

教练："那你现在幸福吗？"

阿芳："现在是老公让我觉得不幸福。"

教练："他怎么让你觉得不幸福？"

阿芳："他不听我的话，不洗澡就上床睡觉，炒股票亏钱，叫他不要炒他还炒。"

教练："他听你的，你就幸福了吗？"

阿芳："是的。"

教练："我看到你为自己的幸福设置了条件——只有老公听你的，你才能幸福！"

阿芳："我都是为他好，可是他不听我的，很伤我的心。"

教练："那么，你能不能把自己变成一个男人舍不得伤害的女人呢？"

阿芳："我没想过。"

教练："你一直以为幸福由你的老公决定。你的命运可否把握在自己的手中呢？"

阿芳："教练，你的话让我很受触动，我明白了。谢谢！"

幸福不在别处。

昂首往前走，它会一直追随着你。

幸福，一直掌握在你手中

天生赢家

有人问加措活佛："如何才能成功？"

加措活佛反问："你是失败的吗？"

很明显，提问者的假设是："我现在是不成功的，所以我要赢得成功。"而加措活佛的假设是："你现在已经是成功的了。"

我如是解读这段对话：要想追求成功，就要知道，你本身就是成功的。

这是"我已足够"的心态。

而很多人的心态却刚好相反，是"我不足够"的心态——我不够可爱，我不够有能力，我不够幽默，我不够苗条，我不够帅气，等等。所以人的努力很多时候就是为了从"我不足够”到“我已足够”。

而教练相信你是足够的，但是你可以更好，从优秀到卓越，知足而不满足。

知足，你本已是赢家；

不满足，你还可以赢得更多！

成功更多的是一种心态和状态，而不是一个固定的结果。

这正如佛教的说法：人身难得——成为一个人，本身就是赢家；活着，就是一种赢。

所以，停止眺望，开始回眸。

我们要赢得的一切，在我们的内心早就已经拥有。

全是宝贝

一位农民，种了一辈子豆子。

如果豆子卖不出去，他就把豆子发成豆芽再卖。

如果豆芽卖不出去，他就卖豆苗。

如果豆苗再卖不出去，他就将豆苗移植到花盆里卖盆景，

如果盆景还卖不出去，他就把豆苗移植到泥土里，等它长大，几个月后又会结出许多新豆子。

这位农民之所以能这样做，是因为在他眼里，豆子的所有形态都是有用的。

人们常说，豆腐是所有食品当中最容易做的：做得刚刚好

就是普通的豆腐，做硬了就是豆腐干，做软了是嫩豆腐，更软一点是豆腐脑，做臭了是臭豆腐，做碎了是豆腐渣。

萝卜青菜，各有所爱。你不喜欢的不一定别人也不喜欢。你觉得臭豆腐臭不可闻，但有人却甘之若饴。

想必很多人都看过给总统送书的故事：

> 有一位书商想让总统推荐自己的书，于是他给总统送了一本书，并三番五次地征求其意见。而忙于公务的总统，并不愿与他多纠缠，便只回了一句："这书不错！"书商如获至宝，大做广告："这是一本总统喜爱的书。"于是，这些书被一抢而空。
>
> 不久，这位书商又送了一本书给总统，总统上过一次当，这次学乖了，奚落书商道："这书糟透了！"不承想还是着了这位书商的"道"。他又拿此话大做文章："这是一本让总统讨厌的书！"人们出于好奇争相抢购，书又售尽。
>
> 第三次，书商将书送给总统时，总统鉴于前两次的教训，干脆紧闭金口，不置一词。但最终还是被这位聪明的书商钻了空子。这次他做的广告是："这是一本让总统难以下结论的书，欲购从速！"结果，这本书又被一抢而空。

其实，生活中有许多事情是我们无法改变的，但我们却可以通过转换思维与观念，发现每件事物的价值与积极意义，从而化腐朽为神奇。

曾经看过一部法国经典影片——《放牛班的春天》，至今仍记忆犹新：1949 年，当克莱门特·马修——一位失业的音乐教师在一所管教寄宿学校找到一份管教的工作时，他目睹了孩子们的无法无天与可怜无助，学校的管教就像警察对待犯人一样对待孩子们。这一切，让他产生了一种改变的冲动。他专门为孩子们谱写歌曲，神圣而纯净的音乐不但净化了孩子们的心灵，更对他们今后的人生道路产生了重大的影响。

影片中最令我感动的情节是：克莱门特让所有的孩子展示歌喉，根据他们原本的音质音色（高、中、低音）来决定他们在合唱班里的位置。其中有一个小孩的声音特别难听，克莱门特也给他找了一个位置——当乐谱的“支架”。另一个孩子完全不会唱歌，克莱门特则让他做自己的助理，专门拿指挥棒。

每个人都因为找到了合适的位置，而使自己的价值得以充分体现。

原来，在仁爱的音乐家心中，每一种声音都是有用的，都是伟大乐章的重要部分！

因此人们常说：“没有废物，只有放错了地方的宝贝。”

万物皆如豆腐，放对地方就有价值。

每一样东西、每一个人，只要用在正确的地方，全都是宝贝。

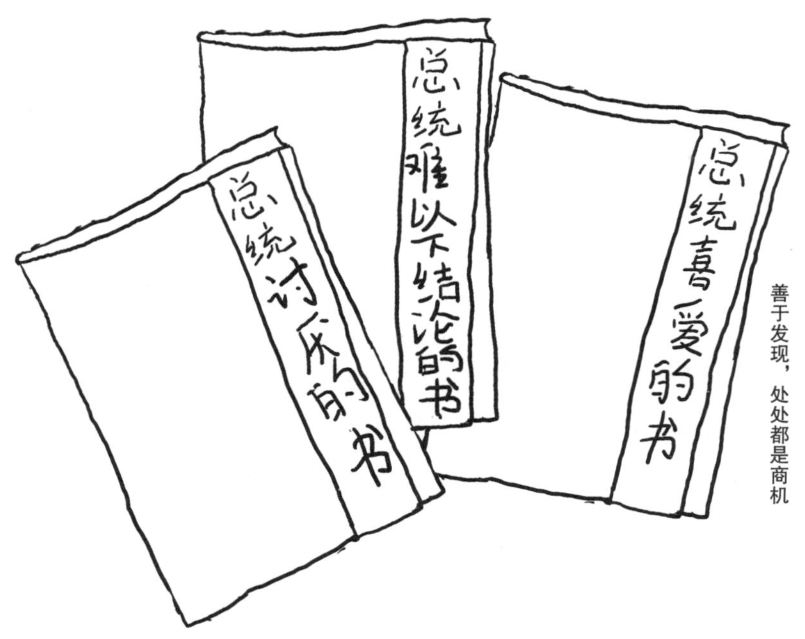

善于发现，处处都是商机

婚姻学校

关系就是修行。

阿凤跟教练诉苦，说她老公对他亲戚的事都很热心，却常常会忽略她，因此心里很不平衡。

阿凤说："我觉得他对别人都很有大爱，唯独对他身边的我缺乏爱。"

教练说："可能你们对爱的理解有所不同。或许你老公没有平衡好所有关系，但这并不等于他不爱你。"

阿凤："我知道他爱我，可是我跟他沟通的要求没有被满足啊。"

教练："你跟他沟通时是否带着你的不满？"

阿凤："非常不满。"

教练："那么你所做的就不是沟通了，而是战斗！"

阿凤："可我也有要求的权利吧。"

教练："你当然有要求的权利。问题是你要求后达到你的目标了吗？"

阿凤："没有，所以我才来找您求救。"

教练："我听出你的诉求没被满足。那么我想问你，你是要他满足你的诉求，还是要他用你的方式来满足你的诉求？"

阿凤好像突然被点醒了，表情有所舒展，然后若有所思地说道："我知道了，我需要改变我的沟通方式。"

教练："所以你老公就是你最好的教材，你也是你老公最好的学校。只要你们愿意，你们都可以学到自己生命中的重要一课。"

俗话说："一个成功的男人背后一定有一位伟大的女性。"

后院起火会影响前线冲锋，家庭和谐会使万事兴旺。

正如王凤仪先生所说："丈夫领妻行道，妻子助夫成德。"

亲密关系是最好的学习，每一对夫妻都是婚姻学校里的同学与同修。

不仅可以炒好菜，也可以教好人

慈母严父

学员阿宏和教练谈起他儿子的情况：“他妈妈对他很宽容，而我对他很严厉，所以他跟他妈妈很亲近，每次打电话回家只是找他妈妈，就算我接了电话，他也只是问一句‘我妈在吗’，好像跟我完全没话说，我心里很不舒服。”

教练：“那你想怎样？”

阿宏：“我想他和我的关系也密切一点，跟我亲近一点，不要求跟他妈妈待遇完全一样，但起码差距也不要这么大。”

教练：“看来你的要求也不是很高，那你有没有向他妈妈学习，看她有什么地方做得好呢？”

阿宏：“那不行，我跟他妈学就完蛋了。”

教练：“此话怎讲？”

阿宏：“他妈妈对他过于包容甚至有点放纵，要是我也这样，岂不是把他惯坏了！”

教练："哦，原来你担心他被你们宠坏了。"

阿宏："是啊，现在常常看到很多名人的孩子'坑爹'的新闻，所以我要对他格外严格。'严父慈母'，我觉得这样才可以取得平衡。"

教练："这样做好像对你儿子平衡了，但是你心里不平衡啊。"

阿宏："是啊，所以我觉得很矛盾、很纠结。"

教练："我能够明白你的感受，作为父亲都希望能得到儿子的尊重和爱。"

阿宏："你说得很对，可是现在我得到的是他的敬畏和疏远。"

教练："我猜，你心里一定觉得作为父亲只有严格才能帮助儿子健康成长，为此你宁可牺牲他对你的亲近感。"

阿宏："教练，你说到我心里去了。可我该怎么办呢？"

教练："我们也常说严格也是爱，问题是严格要求孩子并不代表要牺牲你们之间的亲近感。"

阿宏："教练，我明白你的意思了。你是说，要打破非黑即白的想法，和他保持亲近感的同时也可以严格要求他。可是我还是不知道具体该怎么做。"

教练："具体怎么做我也不知道，你认为谁最有可能给你答案？"

阿宏："我儿子！"

教练："还有呢？"

阿宏："我老婆。"

教练："现在你可以怎么做？"

阿宏："我好像有些思路了。首先我会跟儿子沟通，了解他对我有什么看法，对我有什么期望；然后跟老婆沟通，看她对我有什么建议。还有一个可能就是我和老婆达成共识，即有时我们可以换换角色。"

"严父慈母"，这句自古以来就有的话好像已经把父母的管教风格固化了。

其实，无论是"严父慈母"还是"严母慈父"，只要能够让孩子健康、快乐地成长，一家人和谐地生活，表面上的"严"和"慈"是否真的那么重要呢？

严父也可以有慈爱的一面

辛苦与幸福

有一位老师，每当他讲完课，别人跟他说“老师，您辛苦了”的时候，他都会纠正说：“你应该说，老师您幸福了。因为我自己并不觉得讲课是辛苦的，我觉得是很幸福的。”

还有一位教练，也有类似的说法。别人对他说：“你天天这样工作，一年三百六十五天很少休息，不辛苦吗？”他回答说：“我觉得自己已经很久没工作过了，我一直把做教练看成是在休息！”

这是教练对待工作的态度。

很多人把上班看成是在受苦受累，觉得只有下班才算是属于自己的生活，所以无法享受工作，每天就盼着什么时候下班，每年就盼着什么时候放假。如果真这样的话，人生也就太惨了，因为他们有差不多三分之一的时间都开心不了。

有的老板说："有些员工上班的心情比上坟还沉重。"这个说法有些夸张，但确实有很多人的心在办公室里是麻木的。

只有有效激活他们的心，才能有效激活企业的效益。

我认识一位知名训练师。有一次，他做完一场大型的体验式训练，我们在电梯里相遇。我问他："做了这么多天的训练，累不累啊？"他说："老实说，在台上站了那么多天，身体确实是挺累的。但是，我心里是很开心的，因为我看到每个学员都有了收获。"

他区分得很清楚，身体是身体，心灵是心灵。所以，他不会因为身体的累而进一步拖累心灵。

事情是中立的，就看你选择从什么角度去看待。同样的事情，态度不同，带来的感受就不同。真正的幸福感，其实源于我们的生活态度！

因为，辛苦还是幸福，只是一念之转；

爱工作还是恨工作，也是一念之转；

同样，爱这个世界还是恨这个世界，也是一念之转。

很辛苦，却很幸福

退与休

宁可去碰壁，也不要在家里面壁。

常有这样的教练对话：

学员："教练，我工作太累，想退休。"

教练："那就退休吧，如果你真的想好了的话。"

学员："可退休又觉得太没意思。"

教练："那你到底是怎么想的？"

学员："我不是不想工作，只是太累了。"

教练："听起来你只是需要休息一下，而不是完全退休。"

学员："是的，应该是这样。"

很多人常调侃说"好工作的标准就是：钱多、事少、离家近”。真的是这样吗？

不知大家是否有过这样的体验：工作的时候怕累怕苦，但真的让自己什么都不用做的时候，又反倒更没意思、更没劲。

有人是“退而不休”——不在那个岗位了，还依然发光发热。

有人是“不退而休”——明明自己人还在那个岗位上，但心已经退休了。

记得有一位诗人写过一首诗，其大意是：比起面对原野上的狮子或其他丛林中的危险来说，在家里闲着无所事事更为危险。

确实，比起狮子、蟒蛇、河马这些外在的危险来说，内在的无聊、无望，以及无价值感，才是真正吞噬我们灵魂的看不见的猛兽！

闲着无聊的人比勤奋工作的人更容易生锈

叶公好龙

你说你喜欢雨，但是下雨的时候你却撑开了伞；

你说你喜欢阳光，但当阳光播洒的时候，你却躲在阴凉之地；

你说你喜欢风，但清风扑面的时候，你却关上了窗户。

这就是为什么我会害怕你说你也喜欢我。

——莎士比亚

这是爱情版的叶公。

这首诗的情形其实现实生活中也很常见。我们来看一个工作中的叶公。

阿林："教练，我到新的工作岗位一个月，感觉很充实，但是没有以前同事在一起聚的感觉了。"

教练："当初是什么原因促使你换成现在的工作呢？"

阿林："之前的工作让我觉得太清闲、无聊，让我觉得没有人生的目标。"

教练："那么你现在的工作怎样？"

阿林："现在的工作很充实，也使我重新有了人生目标，但是觉得时间不够用，进步也很缓慢，少了可以跟朋友聊天的时间。"

教练："当初你换工作的时候有没有看到以前那份工作的好处？"

阿林："没有。"

教练："所以，你拥有的时候并不懂得珍惜。"

阿林："其实我对现在的工作还是挺满意的，可能主要是因为还不是特别熟悉，很多事情搞不定，所以会有点失落。"

教练："那你做以前那份工作时表现怎样呢？"

阿林："我之前在业务上已经很熟悉了，感觉自己可以搞掂很多事情，进步也很快。"

教练："我觉得你在拿以前的工作和现在的工作作对比。你是在哪里就不看哪里的好。"

阿林："教练你说得对。我明白了，我要多看到工作的价值和意义，当下的就是最好的！"

生活中有很多这样矛盾的叶公。

其实这些矛盾与"龙"无关，而与自己那颗"比较心"有关。

无论是雨是晴，当下就是最好的

当　下

大珠慧海禅师，人称大珠和尚。源律师问他："和尚修道，还用功吗？"禅师回答说："用功。"源律师问："如何用功？"禅师说："饿了吃饭，困了睡觉。"源律师问："一切人都是这样，跟大师您用功一样吗？"禅师回答："不同。"源律师问："怎么不同？"禅师答道："他吃饭时不肯吃饭，百种需索；睡觉时不肯睡觉，千般计较。所以不同。"源律师至此无话可说。

对于有修为的禅师来说，每一粒米的香味都是新感觉，而每一次吃饭的体验也都是头一遭。

如果愿意，你可以留意一下，通常自己吃饭和睡觉的时候都在想什么。

最美的食物就是当下的食物。

最香的睡眠就是当下的睡眠。

当下是最有力量的时刻。

有人为过去的选择后悔，有人为未来的生活担心。这些都不是活在当下。

过去的不会再回来，未来的还是未知的，因此最要紧的是把握现在。

“今天就在你的眼前，等着你去塑造。你就是每一天的雕刻师，每一个今天都在你手中……”

正如著名节目主持人汪涵所说：“不管你是逐渐繁华，还是即将枯萎，此时此刻才是你的人生。”

亲爱的读者，当你阅读这段文字的时候是否活在当下呢？你有没有想着快点看完这本书？有没有懊悔昨天不该做什么事情？有没有因为明天应该做的工作而焦虑？有没有留意每一个字都是新的当下？

如果此时你走得太远，就“回到当下”；

如果此时你心存杂念，就“安于当下”；

如果还有想去做的事情，就“把握当下”。

当下就是全部。当下是我们唯一能操作的地方。

活好每一个当下，就能活好每一分钟；
活好每一分钟，就能活好每一天；
活好每一天，就能活好每一年；
活好每一年，就能活好这一生。

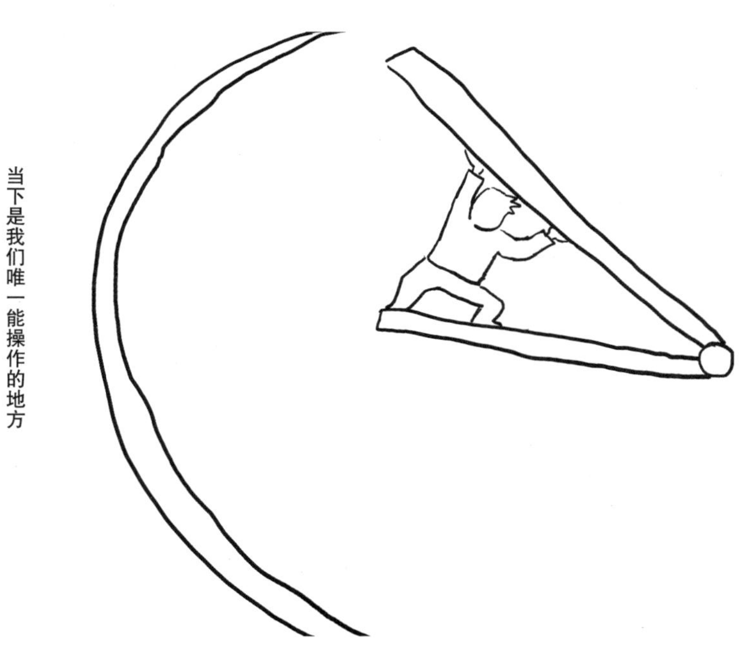

看风景

你站在桥上看风景，

看风景的人在楼上看你。

明月装饰了你的窗子，

你装饰了别人的梦。

——《断章》

这首诗给人的启发是：你在看风景的时候，别忘了你也是别人眼中的风景。

我们常常怀有羡慕别人的心态，更有甚者，还会发展为嫉妒和恨。

这种心态用民间俗语表达就是：别人的老婆更美，别人的老公更帅，别人的儿子更乖，别人家的饭菜更可口。

用更文雅的话来表述就是：生活在别处——熟悉的地方没有风景。人们喜欢去陌生的地方旅游，喜欢吃不同风味的食物，喜欢成为感官上的异乡人。

我们总是身在福中不知福，身在蜜罐不知甜，而总以为别的蜜罐更甜。

城里人喜欢乡下的宁静，乡下人却羡慕城市的繁华。

你在为鞋子发愁的时候，别人正在渴望双腿健全。

我们不幸福的原因往往在于追求了错误的目标：我们追求的往往不是幸福，而是比别人更幸福！

所以，我们不仅要“身在福中要知福”，还需要“身在福中要惜福”——惜福才能有福。

人生是一场难得的旅行。

懂得珍惜，懂得欣赏和感恩，你自己就会成为最美的风景。

看风景的人也是风景

新感觉

> 茫茫人海，终生寻找，一息尚存，就别说找不到；希望还在，明天会好，历尽悲欢，也别说经过了；每一个发现，都出乎意料；每一个足迹，都令人骄傲；每一次微笑，都是新感觉；每一次流泪，也都是头一遭。

这是易茗所作歌曲《每一次》的歌词。歌词很美，含意也很深刻，一看就是有人生阅历和沉淀的人所创作。

“一息尚存，就别说找不到”，用教练的语言来说就是：只要比赛结束的哨声还未吹响，就还有改写比分的可能。

“历尽悲欢，也别说经过了”，用教练的语言来说就是：要区分过去和现在，每一天都是新的开始。

有一位老总跟教练谈起自己的困扰。

老总："我发现自己近来带领团队的激情不够。"

教练："你在人生中什么时候最有激情？"

老总："当初追我女朋友的时候。"

教练："当时你是怎样的状态？"

老总："我很爱她，所以我在心里下定决心哪怕不吃不喝不睡，也要想办法追到她。"

教练："这说明你是个很重感情、很有激情的人！"

老总："是的。"

教练："如果你把当初追女朋友的那份激情用在带领团队上会如何？"

老总："那当然很好啦。可是初恋的激情会过去啊！"

教练："你也可以'梅开二度'，再次燃起激情啊！"

老总："工作和生活有所不同吧。"

教练："那你在创业之初有没有激情？"

老总："有！"

教练："那么，你也可以用二次创业的心态来对待团队嘛！"

老总："确实，我现在已经失去了当初创造的激情！"

教练："你想不想你的员工爱上企业？"

老总："想！这是我梦寐以求的。"

教练："那么你需要如何对待员工？"

老总："我懂了。我必须先爱他们。"

最好交情见面初。

用初恋与创业的心态面对每一天，每一段感情都可以是初恋般的头一遭，而每一天的工作也都可以是创业时的新感觉！

后　记

对于自己，教练是成就力；

对于他人，教练是影响力；

对于团队，教练是领导力。

教练是一门专业，需要学习和锻炼才能掌握。

同时，教练其实也是每个人的事，教练的智慧无处不在。

每个人都需要教练——每个人都需要从教练那里得到激励和反馈，更好地认知自己和迁善自我。

每个人也都可以成为教练——能帮助他人成就梦想者，就是教练。

正如“领导学之父”沃伦·本尼斯所说：“就像成为一个医生或诗人并不容易一样，成为一个领导者也不容易。那些声称成为领导者很容易的人，完全是在欺骗自己。但是，学会领导要比我们大多数人想象的容易得多，因为我们每个人都具备领导潜力。”

新版《教练的智慧》能圆满成书出版，需要感谢书里书外所有的有缘人：

感谢贡献案例的客户——你们的信任是我发挥的基础，你们的成长与收获也是我努力工作的动力源泉；

感谢教育、指导过我的老师——你们的引路，是我生命中最好的礼物；

感谢推动教练行业发展的同行——你们的工作让教练变得更专业、更有影响力；

还要感谢本书的编辑、发行人员——你们的工作让教练文化传播得更远；

感谢每一位有心的读者——你阅读的过程，同时也是创造的过程。

特别感谢卿珂继《对话的艺术》系列之后再次为我的书绘制漫画，使本书得以增添另一道风景、另一种内涵与趣味。

感谢我的助手佘杰为本书所付出的努力！

最后，愿《教练的智慧》能让你更有智慧地生活！

黄俊华